Dans mes bras

Viens dans mes bras
Oublie un peu tes draps
Fais moi revivre un peu de toi
Où le monde est à moi.

Viens et oublie un instant
Ces caprices de femme
Et attise ma flamme
N'en fais pas un drame !

Laisse moi courir le risque,
De perdre la tête
Pour un moment de fête
Où tout est tempête.

Prête moi ton cœur,
Pour que tu comprennes
Ce qui me freine
Quand tu m'entrainnes

Dans tes messages d'ivresse
Qui m'envoutent de tendresse
Je lis avec politesse,
Les expressions de tes promesses.

Les marées du cœur

A l'aube du printemps des amours,
Rut , ébats et parades nuptiales
J'appelle de tous mes cris
Cette biche de la vie
Mais en mâle dominant,
J'oublie l'amour éternel.
Suis-je bête ou humain?
Un amour inconditionnel,
Rares sont les patriarches
Qui feignent les partenaires.
Au grand damne des alphas.
L'amour, ce n'est pas ça.
Ou tu aimes ou tu oublies !
Quand on aime on s'oublie.
Petite tendresse, grande faiblesse !
Faux, tendresse est grandeur.
Quand on aime
C'est pour la vie.
Ce va et vient est un jeu,
L'amour est tout sauf un jeu.
Marée basse, marée haute.
L'écume des houles est éphémère.

Au fonds du cœur,

Git toute la peur,
De n'être plus qu'un souvenir,
Des temps de folies
Des beaux jours de feu.

Fais moi revivre

Le soleil s'est couché tôt
La nuit arrive bientôt.
La peur dans la peau,
Je prends mon courage à demain.
La lune n'est plus au rendez-vous.
L'aurais-tu prise dans ta valise ?
Il fait sombre dans mon cœur,
Plus aucune chanson d'amour,
Ne vient apaiser ma douleur.
Moi qui croyait que ta douceur,
N'Allait jamais me manquer.
Pitié rend moi mon âme,
Ton départ est un drame.
Plus envie de verser de larmes.
Moi qui me croyait Invictus,
Je réalise que tu n'es pas qu'un plus.
C'est plutôt moi le plus,
Toi tu es plus qu'un plus.
Tu es l'être et moi l'enveloppe.
Aucun corps ne vit sans âme.
Reviens, rends moi mon âme,
Ma vie n'a plus de charme.

Prends soin de toi

Le soleil est là
Sur mon corps las
Lourd réveil à cause de l'éveil
Toute la nuit sans sommeil.
Petit café de midi
Grand creux tout est dit.
Le réveil se fait lourd,
A cause de ce poids lourd
Qui pèse sur mes paupières
Difficiles à amadouer
De n'être pas fermées
Toute une nuit et des nuits
A penser à cette maudite nuit
Ou j'ai commis l'irréparable
De penser que tout est permis
T'offenser de mots vulgaires
A cause de mon air altier.
A présent que tu n'es plus à moi,
Prends soin de toi
En ne pensant plus à moi.
Laisse moi à moi
Oublie moi pour toi

On ne mérite que ce que l'on se fait à soi.

Tu es pour moi,
Ce vers de soie
Généreuse et pleine de joie

Rappelle moi ton nom

Tout est à présent fini
Rien n'est plus permis
Chacun son petit monde
Ses amis et ses terrasses
L'amour est ainsi fait
Le jeu est imparfait
Aujourd'hui tout va bien
Le lendemain plus rien
Que des pensées et souvenirs
Des remords et des soupirs
A chacun ses bafoués désirs
Et si l'on renouait rien qu'une seconde
Pour se rappeler toutes les secondes
Où nous n'étions qu'une seule âme
Je ferai de toi mon arme
Contre les insouciantes et les folies
De l'homme perdu et perdant
Que "te quitter" a fait de moi.
Votons une loi:

Plus jamais que toi
Avec moi sous le même toit.

Rappelle moi ton nom,
Moi qui ai oublié mon nom.
Amour.. c'est bien ton nom?!
Ton nom .. c'est bien mon nom.

À la croisée des chemins

Vas!
Je reste là à t'attendre
Ton cœur n'est plus tendre
Tu m'accuses de toutes les cendres.
Moi qui n'ai pas pu te vendre
Des mots d'amour plus tendres.
Je n'ai appris qu'un seul langage
Celui de t'aimer pour la vie.
Mes œuvres sont de folie,
Mes mots ne sont pas jolis.
Je ne sais que faire,
J'ai mal fait de me taire.
J'ai appris après ton départ,
Que complaire fait durer les liens.
Moi, je n'y suis pour rien,
Je suis ainsi et ça me convient.
D'ailleurs c'est ça qui nous revient.
Être sans chercher à exister.
Toi même tu trouvais ça bien.
Qu'est ce qui a changé,
Je n'en sais rien.
Toujours le même depuis le premier jour,

J'ai mes petits défauts et toi les tiens.

Pourquoi nous quitter pour ce petit rien.
Demain, c'est toujours pas loin,
Reviens !
Dis-moi que tout va bien
Un jour ça va,un jour pas bien.

Le fil de l'amour

Il est très fin
Ce petit fil en soie
Qui nous lie toi et moi.
Un amour inconditionnel
Est mis au conditionnel
Quand c'est toi le conditionnel.
Tu te joues de mon amour;
Tu te fous de ma souffrance.
Moi qui t'ai cherchée,
Pour mieux mourir d'aimer.
Le fil de l'amour est fin,
Quand tu décides de la fin.
J'arrive à peine à réaliser,
Que moi seul bon à m'enliser,
Dans ce puits de promesses,
Que tu tissais avec finesse.
Que de mots de tendresse,
Et d'expressions de politesse.
L'amour c'est toute une ivresse,

Amitié, égards et folies.
L'amour est partage.

Moi j'ai tout donné,
Maintenant que tu es partie,
Tout est reparti :
T'aimer, fin de partie.

Nous y irons ensemble

Les rues marchandes sont vides
Pas de vie dans les terrasses
Ces cafés et restaurants,
Sont animés mais livides.
Ma tasse à moitié remplie,
Ma mémoire de nos rires,
Ne désemplit.
Tous ces magasins ,toutes ses boutiques,
Sentent encore ton parfum.
Même la chaise de notre table,
Garde le sens de tes postures.
Tes lunettes sont un formidable miroir,
Tes yeux sont un excellent tain.
Pas besoin de teint
Ton regard sans adresse,
C'est mon unique adresse.
Tu feints mes regards,
Avec tes postures de femme.

Sans toi

Ta présence me rassure,
Moi qui ne suis qu'ombre
De tes regards sombres.
Je te suis partout,
Toi seule mon tout.
Ma mémoire est tienne,
Il faut que tu reviennes.
Sans toi,je ne suis plus rien.
Tu me fais beaucoup de bien.
Ton sourire me revient,
Depuis ton départ.
Je ne vis plus
Comme s'il n'a jamais plu,
Le soleil a perdu son éclat,
Les plaines leur verdure,
Le ciel son bleu azur,
Les montagnes leur hauteur,
Les océans leur profondeur,
Les nuits leur noirceur.
Coupe le moteur,

De ton train à vapeur.

Je viendrai en courant,
Mon cœur est mourant.
Sans toi ,je vivote.
Toi l'axe et moi le pivot.
Ma boussole, c'est toi.
Ton départ m'a éteint.

À tort ou à raison

C'est toi ma chance,
Mon choix d'espérance,
Le repaire de mes repères
La cartographie de mes pas.
Tu commandes mes actions,
Et gouverne mes passions.
Je te confie mes secrets,
Mes désirs et pensées.
Dieu seul sait pourquoi,
Je ne peux vivre sans toi.
Mes jours sont paisibles,
Prêt de toi tout est lisible
Même dans le noir obscur,
Tout est clair et pur.

La vérité si je mens

Ivre de ton amour
Tel un un insecte au milieu
D'une nasse…
Je me bats contre tout,
Fustigé de partout,
Dans ton filet à papillons.
Mes mots me fuient,
Mes gestes aussi.
Tout est en moi faux,
Même mes regards d'altier.
Ne peuvent tromper ta vigilance.
Je t'aime,et tu le sais.
Je nie et tu en ris.
Mes mensonges puériles,
De masochiste virile,
Sont lamentables,
Et c'est indéfendable!

Je mens de peur de te perdre,

Et j'ai fini par te perdre.
Rends-moi mon cerveau,
Pour t'avouer tout.
Je suis perdu à jamais,
A moins que tu excuses,
Ma maladresse .

Prends ton envol

Mariée ?
D'accord, moi aussi !
Toujours la même,
Mais en mieux.
Ce grain de beauté,
Fait ta beauté.
Sois heureuse.
C'est ta destinée.
Moi je n'ai pas su te garder.,
Je sais,c'est moi le perdant.
J'ai souvent cru être invictus.
Je réalise que c'esttoi l'invictus.
Par toutes tes faiblesses,
Tu debordais de gentillesse.
Je n'y voyais que soumission,
Tu visais plus que compromission.
Maintenant que tu m'a laissé,
Prends ton envol d'oiseau libre.
Moi je reste confiné à jamais,
Dans ma vanité consommée,
De cocu galvanisé.

Lettres perdues

La vie est éphémère,
Mais elle n'est pas guerre.
Elle nous a séparés ,
Mais l'espoir continue,
De nous retrouver un jour.
Perdue de vue, tu restes là,
Au fonds du coeur et du foi.
Je t'enverrai des lettres d'amour,
Afin de reconquérir ton coeur.
Des lettres de consonnes et de voyelles,
Portées par des pigeons et des hirondelles.
Toutes portant des messages d'espoir,
Qu'un jour je puisse te revoir.
Je crie fort sur les toits,
Que je ne suis rien sans toi.
Tu es ma boussole au milieu des océans,
Mon guide dans la vie ici bas.
Lettres mortes ,lettres perdues,
C'est moi qui ai tout perdu.
A chaque envoi,même traitement,
Retour à l'expéditeur!

"N'habite plus à l'adresse indiquée "
Moi je continue à m'expliquer:

Elle ne peut que répliquer .
Peut être bien un jour d'été,
D'automne, d'hiver ou de printemps.
C'est sûr que l'amour prend son temps.

Presse le pas

De toutes mes forces,
Je supplie cette Force.
De me donner la force,
De te prier avec courage,
Pour calmer le orages.
Mon coeur bât la chamade,
De t'être si mal traitée,
Tout au long de ce engueulades.
J'en ai fait peut-être trop,
Moi qui t'aime un peu trop.
Les raisons du coeur trompent la raison,
Mes comportements changent de saisons.
De tendre à brutal,
Ma vie est un récital,
Attachant mais parfois audieux,
C'est sûr que la fin est à Dieu.
Mais moi je digère mal ton "á dieu".
D'amour je te dis tant mieux,
Sauve-toi ,quitte-moi,
Presse le pas et vis bien,
Je ne suis qu'un pauvre à rien.

Ta prison me libère

Au fonds, c'est mieux ainsi!
C'est en tout cas ,moi qui t'ai choisie.
Hors de toi, Je suis hors la loi.
Avec toi,je trouve la foi.
Ta prison , je la veux,
Je l'ai rêvée de tous les voeux.
Au moins en toi, je suis quelqu'un.
Sans toi, je ne suis plus rien.
Tes parloirs, je n'en veux pas,
Je n'ai personne à qui me confier que toi.
Même sans un mot,tu me reponds:
Pas besoin de nage, viens sur le pont.
Tu vois, comme c'est facile,
Devant toi, de jouer à l'imbécile.
Tu vois, comme devant toi,
Je trouve les mots des émois.
Je redeviens l'enfanté moi,
Et tout cela grâce à toi.

On joue à la reine et au roi,
Tout est possible avec toi.

Les interdits c'est avec l'autre.
Toi, tu n'es pas l'autre.
Ma pensée est libre.
En tout, suis ivre.

L'air de rien

Il est très fin,
Ce fil du destin
Qui nous réunit un jour,
Et ne sépare à jamais.
Moi..je t'aime toujours,
Toi,tu le conjugués à l'imparfait.
L'amour n'est jamais par fais.
Ton faux semblant me tue.
À la guerre, on s' entretue.
Pour moi,aimer n'est pas rien.
Je me donne,je suis "tien".
Tu te joues de moi,
J'ai confiance en toi.
Tout est benef',
Ce petit moment bref,
Est ,pour moi, éternité .
Et y ai trouvé gaieté.
Toi, moi et nos souvenirs,
Faisons ,pour moi, toute la raison,
Tu résonnes en toute saison,

Partout dans la maison.

Crois-moi.. Tu es partout,
Même quand c'est vide,
Tu arrives à m'emplir.
Mine de rien,tu t'en vas!
Air de rien, tout va.

No..i'm fine

Collée au comptoir,
Tu bois de désespoir.
Moi, dans ma bulle,
Je t'invite à cesser,
De te morfondre à te briser.
De tous tes vins,
Je ne connais rien.
On ne peut stopper l'histoire,
Rien qu'enfonçant la pédale,
De ce frein en dédales.
Toi qui colles à ton ver,
Tu décides de ne rien faire.
Tu sombres danstes folies,
De t'être prise de folies,
D'aimer à l'inconditionnel
Et de faire les frais du conditionnel.
Alors fais comme font les hirondelles,
Construis-toi un nid en argile,
Sous les toits de maison.
Reviens à la raison
Viens dans la maison.

Elle Est vide sans toi,
Moi, j'ai besoin de toi.

Made in the USA
Middletown, DE
31 January 2022